Imagerie Pellerin

21

Catalogue
général

Septembre 1887

IMAGERIE
**PELLERIN**
EPINAL
(Vosges)

Prière de bien indiquer quel mode d'expédition le client désire adopter : *Grande Vitesse, Petite Vitesse ou Colis Postaux.*

# CATALOGUE GÉNÉRAL

**Septembre 1887**

*Veuillez* [illegible] *expédier par* ______

*les articles désignés ci-après sur votre Catalogue, en vous conformant aux prescriptions suivantes :*

*A* ______ *le* ______ *188*

BIEN OBSERVER Que les lettres F. D. de la première colonne désignent **Feuilles demandées**.
Que les lettres M. D. de la seconde colonne désignent **Mains demandées**.

| DEMI-FINES DORÉES F. D. | COMMUNES M. D. | TITRES |
|---|---|---|
| | | **SUJETS DIVERS et Chansons populaires (1 tableau)** |
| | | 1 Le vieux drapeau |
| | | 2 Le vrai buveur |
| | | 3 Cendrillon |
| | | 4 L'Enfant prodigue |
| | | 5 Le Juif-Errant |
| | | 6 Pyrame et Thisbé |
| | | 7 Damon et Henriette |
| | | 8 La gr. querelle du ménage |
| | | 9 Le grand diable d'argent |
| | | 10 L'arbre d'amour |
| | | 11 Crédit est mort |
| | | 12 L'Horloge de Crédit |
| | | 13 Les Degrés des Ages |
| | | 14 La Barbe bleue |
| | | 15 Paul et Virginie |
| | | 16 Joseph expl. les songes |
| | | 17 Adélaïde et Ferdinand |
| | | 18 Holopherne et Judith |
| | | 23 Ste Geneviève de Brabant |
| | | 24 Petit Poucet |
| | | 25 Petit Chaperon rouge |
| | | 26 Inondation de la Seine |
| | | 27 Sur le pont d'Avignon |
| | | 28 La belle Bourbonnaise |
| | | 29 Les Adieux de la Tulipe |
| | | 30 La Chasse |
| | | 31 Fanchon |
| | | 32 Nous n'irons plus au bois |
| | | 33 Margot [illegible] et son âne |
| | | 34 Giroflé, Girofla |
| | | 35 Vive Henri IV |
| | | 36 Jadis et Aujourd'hui |
| | | 37 Manon la couturière |
| | | 38 Fanfan la Tulipe |
| | | 39 Va-t-en voir s'ils v. Jean |
| | | 40 Le roi Dagobert |
| | | 41 Tableaux de Paris |
| | | 42 Malb. s'en va-t-en guerre |
| | | 43 La mère Michel et son ch. |
| | | 44 Compère Guilleri |
| | | 45 M. Dumollet |
| | | 46 Le petit mari |
| | | 47 La Vieille |
| | | 48 Le départ du Conscrit |
| | | 49 Au clair de la lune |
| | | 50 La barque à Caron |
| | | 51 [illegible] |

| DEMI-FINES DORÉES F. D. | COMMUNES M. D. | TITRES |
|---|---|---|
| | | 52 La petite meunière |
| | | 53 La jeune batelière |
| | | 54 Convoi de Malborough |
| | | 55 Les 4 vérités du siècle |
| | | 56 Le Guerbadier |
| | | 57 J'ai du bon tabac |
| | | 58 La Confidence |
| | | 59 La Bergère et son chat |
| | | 60 Nous étions trois filles |
| | | 61 Il pleut bergère |
| | | 62 M. et Mme Denis |
| | | 63 La Marseillaise |
| | | 64 Le chat botté |
| | | 66 Exp. Pal. du ch. de Mars |
| | | 67 — du Trocadéro |
| | | 68 Funérailles de Gambetta |
| | | 69 Le chant du départ |
| | | 70 Cadet Roussel |
| | | **(12 tableaux)** |
| | | 1351 Malb. s'en-va-t'en guerre |
| | | 1352 Cadet Roussel |
| | | 1353 La m. Michel et s. chat |
| | | **PORTRAITS** |
| | | 100 Mar. de M-Mahon à ch. |
| | | 101 — en buste |
| | | 102 Thiers ex-pr. de la R. F. |
| | | 103 Joseph Garibaldi |
| | | 104 Le comte de Chambord |
| | | 105 Le roi de Prusse |
| | | 106 Humbert Ier roi d'Italie |
| | | 107 L'Empereur d'Autriche |
| | | 108 Le Schah de Perse |
| | | 109 Le pape Léon XIII |
| | | 110 M. Grévy Pr. de la R. F. |
| | | 111 Alexandre III, emp. de R. |
| | | 112 Léon Gambetta |
| | | **BATAILLES et Scènes Militaires (1 tableau)** |
| | | 141 Bat. de Wissembourg |
| | | 142 — de Reischoffen |
| | | 143 — de Gravelotte |
| | | 144 — d'Orléans |
| | | 145 — de Bapaume |
| | | 146 — De Villersexel |
| | | 147 Déf. de Belfort |

| DEMI-FINES DORÉES F. D. | COMMUNES M. D. | TITRES |
|---|---|---|
| | | 148 Bat. de Dijon. - Garibaldi |
| | | 149 Déf. de Châteaudun |
| | | 150 Passage du Danube |
| | | 151 Bat. de Plewna |
| | | 152 — d'Eski Djouma |
| | | 153 Prise et reprise de Plewna |
| | | 154 Pris. de la Bastille |
| | | 155 Comb. du Djebbel Haddedah tunisie |
| | | 156 Comb. de cavalerie tunisie |
| | | 157 Comb. d'Alexandrie mas. des Europ. |
| | | 158 Comb. de Nam-Dinh |
| | | 159 Pr. des forts de Hué |
| | | **(8 tableaux)** |
| | | 530 Batailles et comb. |
| | | 531 Scènes div. tr. de c. |
| | | 532 Siège de Paris |
| | | 533 Sc. du siège de Paris |
| | | 534 Scènes militaires |
| | | 535 Guerre de 1870-71 batailles et comb. |

| COMMUNES M. D. | TITRES |
|---|---|
| | **SUJETS DE PIÉTÉ (1 tableau)** |
| | 200 Le Sacré cœur de Jésus |
| | 201 Le Sacré cœur de Marie |
| | 202 Portrait de Jésus-Christ |
| | 203 Ecce Homo |
| | 204 Le déluge universel |
| | 205 Naissance de Jésus-Christ |
| | 206 L'Adoration des 3 rois |
| | 207 La sainte Vierge |
| | 208 L'Immaculée conception |
| | 209 L'Assomption |
| | 210 Christ aux stes femmes |
| | 211 Jésus sur la croix |
| | 212 Jésus entre deux larrons |
| | 213 Christ avec pitié de nous |
| | 214 L'Horloge de la Passion |
| | 215 Christ Rédempteur |
| | 216 Christ aux Apôtres |
| | 217 Le Saint Suaire |
| | 218 Fête de [illegible] |
| | 219 La Médaille miraculeuse |
| | 220 La Cène |
| | 221 La chaste Suzanne |

| COMMUNES M. D. | TITRES |
|---|---|
| | 222 Le mauvais riche |
| | 223 Le calvaire de Jérusalem |
| | 224 Baptême de Jésus-Christ |
| | 225 Sommeil de Jésus |
| | 226 Le sauveur du monde |
| | 227 O Crux ave |
| | 228 Exaltation de la Ste Croix |
| | 229 Décollat. de St J.-Baptiste |
| | 230 La robe de N. S. J.-C. |
| | 231 La Sainte Face de N. S. |
| | 232 La Résurrection de N. S. |
| | 233 Le Très-saint Sacrement |
| | 234 Jésus, Marie, Joseph |
| | 235 La Vierge au raisin |
| | 236 La Vierge à la chaise |
| | 237 Trépassement de la Vierge |
| | 238 Mater Dei |
| | 239 Mater Dolorosa |
| | 241 La Reine du ciel |
| | 242 La Reine des anges |
| | 243 L'Ange gardien |
| | 244 L'Ange Gabriel |
| | 245 Fuite en Égypte |
| | 246 La Sainte Famille |
| | 247 Le bon Pasteur |
| | 248 N.-D. Auxiliatrice |
| | 249 — de Bon-Secours |
| | 250 — de Délivrance |
| | 251 — des Sept Douleurs |
| | 252 — des Ermites |
| | 253 — de Fourvières |
| | 254 — de Liesse |
| | 255 — du Rosaire |
| | 256 — du Scapulaire |
| | 257 — de Septembre |
| | 258 — de Santé |
| | 259 — du Choléra |
| | 260 — d'Espérance |
| | 261 — de la Garde |
| | 262 — de Grâce |
| | 263 — du Mont-Carmel |
| | 264 — de Pitié |
| | 265 — du Puy |
| | 266 — de Lourdes |
| | 268 Christ avec cant. du Roul. |
| | 269 La Ste Vierge à la Salette |
| | 270 Le Curé d'Ars |
| | 271 Le mois de Marie |
| | 272 Bénéd. des familles [illegible] |
| | 273 La Sainte [illegible] |
| | [illegible] |
| | [illegible] |
| | 276 La Création du monde |

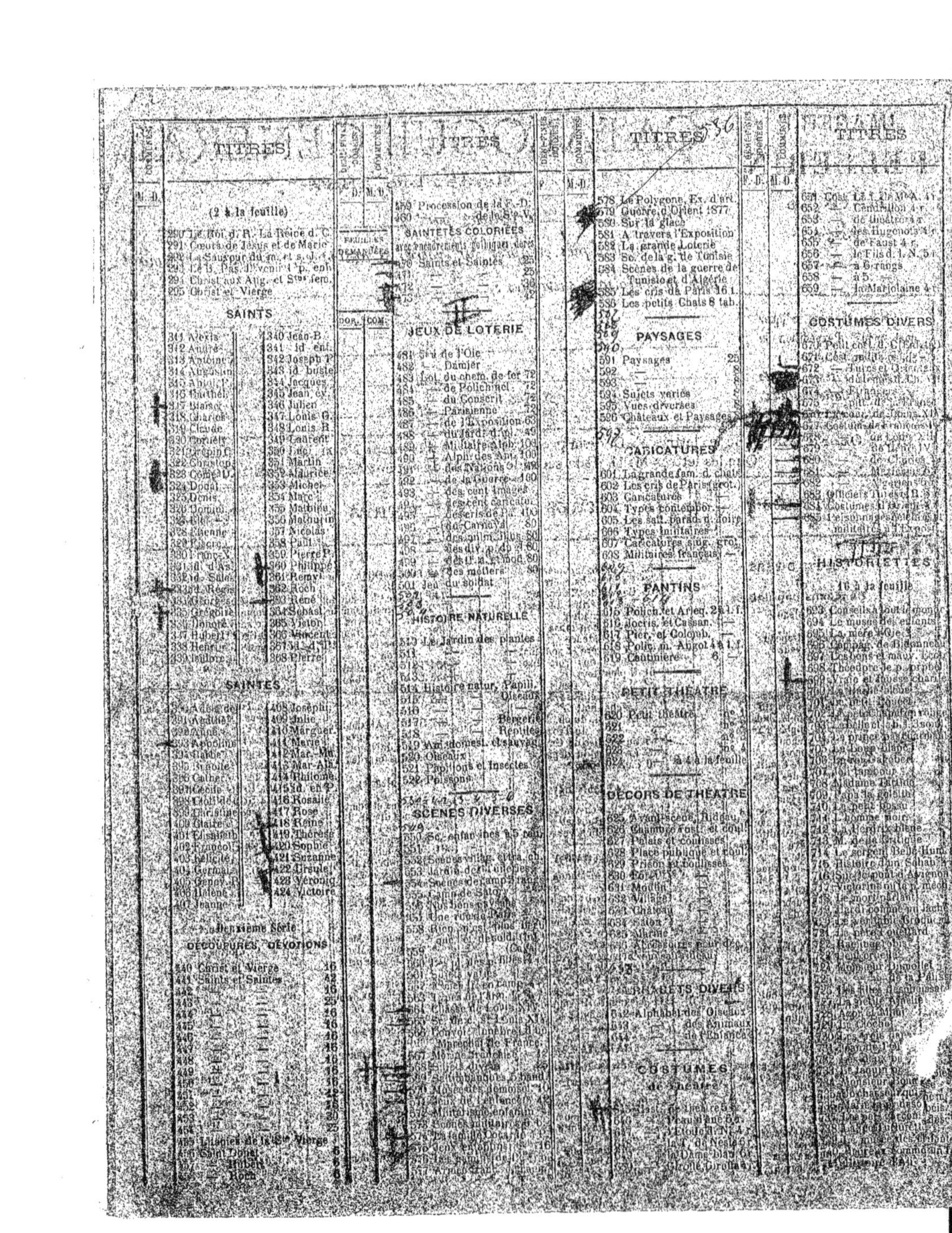

| COMMUNES M.-D. | TITRES |
|---|---|
| | (2 à la feuille) |
| | 290 Le Roi d. R. La Reine d. C. |
| | 291 Cœurs de Jésus et de Marie |
| | 292 La Sauveur du m. et s. J. |
| | 293 Le B. Pas. Divenir p. enf. |
| | 294 Christ aux Ang. et Ste fem. |
| | 295 Christ et Vierge |
| | SAINTS |
| | 311 Alexis — 340 Jean-B. |
| | 312 André — 341 id. enf. |
| | 313 Antoine — 342 Joseph P. |
| | 314 Augustin — 343 id. buste |
| | 315 Abel P. — 344 Jacques |
| | 316 Barthél. — 345 Jean, év. |
| | 317 Blaise — 346 Julien |
| | 318 Charles — 347 Louis G. |
| | 319 Claude — 348 Louis R. |
| | 320 Corneil. — 349 Laurent |
| | 321 Crépin C. — 350 Luc |
| | 322 Christop. — 351 Martin |
| | 323 Côme D. — 352 Maurice |
| | 324 Donat — 353 Michel |
| | 325 Denis — 354 Marc |
| | 326 Domin. — 355 Mathieu |
| | 327 Eloi — 356 Mathurin |
| | 328 Etienne — 357 Nicolas |
| | 329 Fiacre — 358 Paul |
| | 330 Franç.-X. — 359 Pierre P. |
| | 331 id. d'As. — 360 Philippe |
| | 332 id. Sales — 361 Remy |
| | 333 id. Régis — 362 Roch |
| | 334 Georges — 363 René |
| | 335 Grégoire — 364 Sébast. |
| | 336 Honoré — 365 Victor |
| | 337 Hubert — 366 Vincent |
| | 338 Henri — 367 id. d. P. |
| | 339 Isidore — 368 Pierre |
| | SAINTES |
| | 390 Adélaïde — 408 Joséph. |
| | 391 Agathe — 409 Julie |
| | 392 Anne — 410 Marguer. |
| | 393 Apolline — 411 Marie |
| | 394 Barbe — 412 Mar.-Ma. |
| | 395 Brigitte — 413 Mar.-Ala. |
| | 396 Cather. — 414 Philomè. |
| | 397 Cécile — 415 id. en P. |
| | 398 Clotilde — 416 Rosalie |
| | 399 Christine — 417 Rose |
| | 400 Claire — 418 Reine |
| | 401 Elisabeth — 419 Thérèse |
| | 402 Françoise — 420 Sophie |
| | 403 Félicité — 421 Suzanne |
| | 404 Germaine — 422 Ursule |
| | 405 Genev. P. — 423 Véroniq. |
| | 406 Hélène — 424 Victoire |
| | 407 Jeanne |
| | Deuxième Série |
| | DÉCOUPURES, DÉVOTIONS |
| | 440 Christ et Vierge 16 |
| | 441 Saints et Saintes 32 |
| | 442 — 16 |
| | 443 — 25 |
| | 444 — 16 |
| | 445 — 16 |
| | 446 — 16 |
| | 447 — 16 |
| | 448 — 16 |
| | 449 — 16 |
| | 450 — 16 |
| | 451 — 16 |
| | 452 — 16 |
| | 453 — 30 |
| | 454 — |
| | 455 Litanies de la Ste Vierge |
| | 456 Saint Donat 6 |
| | 457 — Hubert 6 |
| | 458 — Roch 6 |

| DEMI-FINS P.-D. | COMMUNES M.-D. | TITRES |
|---|---|---|
| | | 459 Procession de la F.-D. |
| | | 460 — de la S.-V. |
| FEUILLES DEMANDÉES | | SAINTETÉS COLORIÉES avec encadrements gothiques dorés |
| | | 470 Saints et Saintes 25 |
| | | 471 — 25 |
| | | 472 — 36 |
| | | 473 — 42 |
| DOR. | COM. | JEUX DE LOTERIE |
| | | 481 Jeu de l'Oie |
| | | 482 — Damier |
| | | 483 Lot. du chem. de fer 72 |
| | | 484 — de Polichinel 72 |
| | | 485 — du Conscrit 72 |
| | | 486 — Parisienne 72 |
| | | 487 — de l'Exposition 63 |
| | | 488 — du Jard. d'ml. 49 |
| | | 489 — Militaire Alph. 100 |
| | | 490 — Alph. des Ani. 100 |
| | | 491 — des Nations 49 |
| | | 492 — de la Guerre 60 |
| | | 493 — des cent images |
| | | 494 — des cent caricatu. |
| | | 495 — des cris de Pa. 100 |
| | | 496 — du Carnaval 80 |
| | | 497 — des anim. illus. 80 |
| | | 498 — Scè. div. p. ap. 80 |
| | | 499 — Vues d'a. et mod. 80 |
| | | 500 — des métiers 80 |
| | | 501 Jeu du soldat |
| | | HISTOIRE NATURELLE |
| | | 510 Le Jardin des plantes |
| | | 511 — |
| | | 512 — |
| | | 513 — |
| | | 514 Histoire natur. Papil. |
| | | 515 — Oiseaux |
| | | 516 — |
| | | 517 — Bergerie |
| | | 518 — Reptiles |
| | | 519 Ani. domest. et sauvag. |
| | | 520 Oiseaux |
| | | 521 Papillons et Insectes |
| | | 522 Poissons |
| | | SCÈNES DIVERSES |
| | | 550 Sc. enfantines à 5 tab. |
| | | 551 — |
| | | 552 Scènes villag. extra. d. |
| | | 553 Jardin de [illegible] |
| | | 554 Scènes de camp[illegible] |
| | | 555 Camp de Saton[illegible] |
| | | 556 Nos bons [illegible] |
| | | 557 Une rue de Paris |
| | | 558 Rien n'est plus [illegible] |
| | | 559 [illegible] |
| | | 560 [illegible] |
| | | 561 [illegible] |
| | | 562 [illegible] |
| | | 563 [illegible] |
| | | 564 Chasse de Louis XV |
| | | 565 — Louis XIV |
| | | 566 Convoi funèbre d. [illegible] Maréchal de France |
| | | 567 [illegible] |
| | | 568 [illegible] |
| | | 569 Saltimbanques 5 band. |
| | | 570 Monsieur, demoiselle 40 |
| | | 571 [illegible] 48 |
| | | 572 Militaire enfantin |
| | | 573 Scènes [illegible] |
| | | 574 [illegible] |
| | | 575 [illegible] 16 |
| | | 576 [illegible] |
| | | 577 [illegible] |

| DEMI-FINS P.-D. | COMMUNES M.-D. | TITRES |
|---|---|---|
| | | 578 Le Polygone. Ex. d'art. |
| | | 579 Guerre d'Orient 1877 |
| | | 580 Sur la glace |
| | | 581 A travers l'Exposition |
| | | 582 La grande Loterie |
| | | 583 Sc. de la g. de Tunisie |
| | | 584 Scènes de la guerre de Tunisie et d'Algérie |
| | | 585 Les cris de Paris 16 t. |
| | | 586 Les petits Chats 8 tab. |
| | | PAYSAGES |
| | | 591 Paysages 25 |
| | | 592 — 8 |
| | | 593 — 8 |
| | | 594 Sujets variés 8 |
| | | 595 Vues diverses 8 |
| | | 596 Châteaux et Paysages |
| | | CARICATURES |
| | | 601 La grande fam. d. chats |
| | | 602 Les cris de Paris (grot.) |
| | | 603 Caricatures |
| | | 604 Types contempor. |
| | | 605 Les salt. parad. d. foire |
| | | 606 Types militaires |
| | | 607 Caricatures sing. gro. |
| | | 608 Militaires français |
| | | PANTINS |
| | | 615 Polich. et Arleq. 2 à 1 f. |
| | | 616 Jocris. et Cassan. |
| | | 617 Pier. et Colomb. |
| | | 618 Polic. m. Angot 4 à 1 f. |
| | | 619 Cantinière 6 |
| | | PETIT THÉATRE |
| | | 620 Petit théâtre |
| | | 621 — |
| | | 622 — |
| | | 623 — |
| | | 624 — à 4 à la feuille |
| | | DÉCORS DE THÉATRE |
| | | 625 Avant-scène, Rideau |
| | | 626 Chambre rust. et coul. |
| | | 627 Palais et coulisses |
| | | 628 Place publique et coul. |
| | | 629 Prison et coulisses |
| | | 630 Forêt |
| | | 631 Moulin |
| | | 632 Village |
| | | 633 Château |
| | | 634 Salon |
| | | 635 Marine |
| | | 636 Accessoires pour dé[illegible] |
| | | BRACELETS DIVERS |
| | | 642 Alphabet des Oiseaux |
| | | 643 — des Animaux |
| | | 644 — de l'Enfance |
| | | COSTUMES de théâtre |
| | | 646 [illegible] de théâtre 5 |
| | | 647 [illegible] |
| | | 648 [illegible] |
| | | 649 [illegible] de Nesle |
| | | 650 [illegible] Dame blanche |
| | | [illegible] Girofle, Girofla |

| DEMI-FINS P.-D. | COMMUNES M.-D. | TITRES |
|---|---|---|
| | | 651 Cost. La f. de Mme A. 4 r. |
| | | 652 — Cendrillon 4 r. |
| | | 653 — de Théâtre 5 a |
| | | 654 — des Huguenots 4 r. |
| | | 655 — de Faust 4 r. |
| | | 656 — le Fils d. l. N. 5 |
| | | 657 — à 6 rangs |
| | | 658 — à 5 |
| | | 659 — la Marjolaine 4 |
| | | COSTUMES DIVERS |
| | | 670 Petit cost. d. C[illegible] |
| | | 671 Cost. [illegible] |
| | | 672 — Juifs et [illegible] |
| | | 673 [illegible] |
| | | 674 — Paysans |
| | | 675 [illegible] |
| | | 676 [illegible] |
| | | 677 Costumes de [illegible] |
| | | 678 [illegible] |
| | | 679 — de Henri IV |
| | | 680 — de Charles |
| | | 681 [illegible] |
| | | 682 [illegible] |
| | | 683 Officiers [illegible] |
| | | 684 Costumes [illegible] |
| | | 685 Personnages [illegible] militaires à l'Expos. |
| | | HISTORIETTES |
| | | 16 à la feuille |
| | | 693 Conseils à tout le monde |
| | | 694 Le musée des enfants |
| | | 695 La mère [illegible] |
| | | 696 [illegible] |
| | | 697 Les bons et mauv. [illegible] |
| | | 698 [illegible] |
| | | 699 [illegible] |
| | | 700 [illegible] |
| | | 701 [illegible] |
| | | 702 [illegible] |
| | | 703 [illegible] |
| | | 704 Le prince [illegible] |
| | | 705 [illegible] |
| | | 706 [illegible] |
| | | 707 [illegible] tambour |
| | | 708 Madame [illegible] |
| | | 709 [illegible] |
| | | 710 Le petit bossu |
| | | 711 L'homme noir |
| | | 712 La Perdrix blanche |
| | | 713 M. de la [illegible] |
| | | 714 Le sergent Belle-Hum. |
| | | 715 Histoire d'un [illegible] |
| | | 716 [illegible] d'Avignon |
| | | 717 Victorine [illegible] |
| | | 718 [illegible] |
| | | 719 [illegible] |
| | | 720 Le véritable [illegible] |
| | | 721 Le père Fouettard |
| | | 722 [illegible] |
| | | 723 [illegible] |
| | | 724 Monsieur [illegible] |
| | | 725 [illegible] |
| | | 726 [illegible] |
| | | 727 [illegible] |
| | | 728 [illegible] |
| | | 729 [illegible] |
| | | 730 [illegible] |
| | | 731 [illegible] |
| | | 732 [illegible] |
| | | 733 [illegible] |
| | | 734 [illegible] |
| | | 735 [illegible] |
| | | 736 [illegible] |
| | | 737 [illegible] |
| | | 738 [illegible] |
| | | 739 [illegible] |
| | | 740 [illegible] |
| | | 741 [illegible] |

**TITRES**

742 Perdu dans la forêt
743 Les av. extr. d. chas.
744 Ali-Baba et les 40 vol.
745 Amédée l'insouciant
746 Théodore le malpropre
747 Les malh. d'une poup.
748 Chance et Guignon
749 Les trois chapeaux
750 Le prince et le porteur
751 Ce que coûte un mens.
752 Colin tamp. [illegible] un bossu
753 Les deux querelleurs
754 Le volet brisé
755 Les bottes à Bastien
756 Le sorcier [illegible] Loup g.
757 Grand Flandrin
758 Le petit Georges
759 La petite Eugénie
760 [illegible]
761 [illegible] du ménage
762 Jeanne d'Arc
763 Louis [illegible] (ch. d. b.)
764 [illegible] (chp. d. vol.
765 Guillaume Tell
766 [illegible] de la poupée
767 L'Esprit d [illegible] n° 1
768 [illegible] n° 2
769 Les trois frères
770 Une friture de goujons
771 Eugénie [illegible] coq
772 Le coq [illegible] âge
773 [illegible] chansons
774 [illegible] maîtresse d. m.
775 La blouse et [illegible]
776 Monsieur Brouillard
777 Le volontaire d'un an
778 Pour un [illegible] d'un cl.
779 [illegible] et paysan
780 [illegible]
781 Le cavalier Normand
782 Les suites de la désob.
783 [illegible]
784 Les [illegible] garçons d'auj.
785 Julien et Louise
786 Sauvez M., sauvez Mme
787 Le petit Savetier
788 Un bonheur [illegible] malheur
789 André le farceur
790 [illegible]
791 Les pet. fill. [illegible] élevées
792 Geneviève de Brabant
793 Louis le maladroit
794 Pierre [illegible] corrigible
795 Georges le frisé
796 Le petit Savoyard
797 La chanson des métiers
798 La peau de l'Ours
799 [illegible]
800 L'hygiène [illegible] images
801 [illegible] désob.
802 Rose et Blanche
803 Gertrude et son troup.
804 La poupée de Jeanne
805 Les imprudents
806 Jacques le boiteux
807 La bienfaisance
808 [illegible]
809 [illegible]
810 [illegible]
811 Fanchon la vieille
812 Les trois talismans
813 [illegible]
814 La peau de chèvre
815 Jean qui [illegible]
816 Le petit ramoneur
817 Mademois. Zéphirine
818 [illegible]
819 [illegible] aux trois [illegible]
820 [illegible]
821 Si j'étais petit garçon
822 Le baptême de Bébé
823 [illegible]
824 Le petit égoïste
825 [illegible]
826 Le grand [illegible]

827 Proverbes en images
828 [illegible] du roi
829 [illegible] p. d'ép.
830 Les filles de mon oncle
831 La sagesse des Nations
832 La pièce d'or
833 M. du Guignon
834 [illegible] et le N
835 L'Époux modèle
836 [illegible]
837 La flûte à Coco
838 La nouvelle fée
839 Les aventures de Paul
840 [illegible] de M. [illegible]
841 L'enfant discret
842 Le sifflet enchanté
843 La légende des Roses
844 Histoire de [illegible]
845 Aventures de voyage
846 [illegible] sait tout
847 Les aventures impossibles
848 La fée [illegible]
849 [illegible]
850 [illegible]
851 [illegible]
852 Les [illegible] de Ninette
853 [illegible] trouvé
854 Ce que [illegible]
855 Mathilde l'orgueilleuse
856 [illegible] garde à toi
857 Petit noir et pet. blanc
858 [illegible]
859 Le pain d'or
860 [illegible] petits [illegible]
861 [illegible]
862 Le sergent [illegible]
863 Le cheval de bronze
864 [illegible] Marguerite
865 [illegible] volant
866 [illegible]
867 [illegible]
868 [illegible]
869 [illegible]
870 L'école buissonnière
871 Jean qui pleure [illegible]
872 [illegible]
873 [illegible]
874 Hist. d'[illegible] d'un Méd.
875 [illegible]
876 Le chien de Montargis
877 [illegible]
878 Histoire de [illegible]
879 [illegible]
880 [illegible]
881 Les [illegible]
882 Le capitaine [illegible]
883 Les enfants gâtés
884 Pâquerette et [illegible] d'or
885 Robinson suisse
886 La princesse Printan.
887 Le prince [illegible]
888 Le prince Charmant
889 Le prince Désir
890 La belle Aurore
891 La Grenouille bienfais.
892 Pique-Assiette
893 Robinson Crusoé
894 Bellotte et [illegible]
895 [illegible]
896 Le [illegible] et sa fem.
897 La vie de St Nicolas
898 Hist. de Court à [illegible]
899 [illegible]
900 Hist. com. d. [illegible]
901 Le jugement d'un [illegible]
902 La Cigale et la Fourmi
903 Avent. de [illegible]
904 Le grand Nicaise
905 Pierre le [illegible]
906 Gustave ou le [illegible]
907 [illegible]
908 La [illegible]
909 Hist. de [illegible]
910 Hist. [illegible]
911 [illegible]

914 [illegible] et la fée B.
915 Hist. de l'enfant [illegible]
916 Les plaisirs de l'Été ou les propriét. à la cam.
917 Le Nid
918 Roland orgueilleux
919 Le soulier de Noël
96[illegible] 20 à la feuille
1101 Le Chat botté
1102 Peau d'Âne
1103 Fatal et Fortuné
1104 Riquet à la houppe
1105 Cendrillon
1106 L'Oiseau bleu
1107 Le Prince Lutin
1108 La [illegible]
1109 La Belle au b. dormant
1110 [illegible] chev. d'or
1111 Le Rameau d'or
1112 Les Fées
1113 La petite aux Grelots
1114 La bonne pet. Souris
1115 [illegible]
1116 [illegible] princesse
1117 La fée Bonnette et C.
1118 Le prince Marcassin
1119 Aventures de chasse de [illegible]
1120 [illegible]
1121 Le courage [illegible]
1122 Bazile
1123 La bénédiction pater.
1124 Les vacances d. [illegible]
1125 [illegible] et le péch.
1126 [illegible]
1127 Barbe d'or
1128 Le [illegible]
1129 [illegible] l'enfant gâtée
1130 [illegible]
1131 [illegible]
1132 Madame [illegible]
1133 [illegible]
1134 Le petit [illegible]
1135 La [illegible] de Croquem.
1136 [illegible] et M. B.
1137 [illegible]
1138 [illegible] de Bazile
1139 Les vacances de Bert.
1140 [illegible] Nichette
1141 [illegible]
1142 [illegible] en chatte
1143 [illegible]
1144 [illegible] rouges
1145 Le petit Pierre
1146 Charité [illegible]
1147 [illegible]
1148 Au nid [illegible]
1149 [illegible]
1150 La pet. [illegible]
1151 [illegible]
1152 L'auberge [illegible] chev. b.
1153 Le [illegible] Antoine
1154 La petite [illegible]
1155 Le bonhomme Misère
1156 [illegible]
1157 Les deux [illegible]
1158 Le petit [illegible]
1159 Le vieux [illegible]
1160 Julien [illegible]
1161 [illegible]
1162 [illegible]
1163 L'Âne, le Chien, le Coq, le Chat ou l. m.
1164 [illegible]
1165 La petite fermière
1166 [illegible]
1167 Le [illegible]
1168 Les deux [illegible]
1169 [illegible]
1170 Les enfants terribles
1171 [illegible]
1172 [illegible]
1173 [illegible]

1175 Le renard et le corb.
1176 Pierrette et Pierrot
1177 La fée Bonheur
1178 La fille du [illegible]
1179 La désob. [illegible]
1180 Le parapluie enchanté
1181 Les av. de Paul [illegible]
1182 Pierrot domestique
1183 Monsieur Curieux
1184 Le petit méchant
1185 Les quatre frères
1186 Aventures de [illegible]
1187 Les deux servantes
1188 La petite curieuse
1189 Les [illegible] étourdi
1190 Le collier de perles
1191 Cric-Crac
1192 Polichinelle et Colomb.
1193 Le bâton d'Arlequin
1194 Lili et Lolotte
1195 Robert le fugitif
1196 Le petit berger
1197 L'enfant de troupe
1198 [illegible] la frivole
1199 Louisette et [illegible]
1200 Av. de Fanfan [illegible]
1201 [illegible]
1202 Le petit Alfred
1203 La petite maman
1204 Scènes de la vie milit.
1205 Le nouv. pet. Poucet
1206 La nouv. Barbe-bleue
1207 [illegible] et Zozo
1208 Madame Angot
1209 Robert le Diable
1210 Pierrot [illegible]
1211 Arlequin [illegible]
1212 Polichinel [illegible]
1213 Les gamins
1214 [illegible] Jean
1215 Gribouille
1216 Touche-à-tout
1218 La Rose des Vents
1219 La véritable [illegible]
1220 La mère Gigogne
1221 Les [illegible] de Jean [illegible]
1222 M. le Vent et M. la P.
1223 Av. d. M. [illegible]
1224 Les [illegible] jaloux
1225 Marie et la chouette
1226 Hist. d'un pauvre âne
1227 Passion des richesses
1228 Le sergent Larame
1229 Hist. d. Me Barbe [illegible]
1230 Hist. de la belle Hélène
1231 La paire de [illegible]
1232 Hist. de Bouche en C.
1233 Le géant [illegible]
1234 Hist. d'un Zouzou
1235 [illegible]
1236 Voy. de [illegible]
1237 Les Allumettes
1238 Heur et malheur de Loulou l'enchanteur
1239 Le jeune [illegible] et la fée Biscotte

**ANIMAUX ET FABLES**

1362 Animaux illustrés [illegible]
1363 [illegible]
1364 [illegible]
1365 [illegible]
1366 Fab. de la Fontaine [illegible]
1367
1368 [illegible]
1369 [illegible]

**HISTOIRE DE FRANCE**

[illegible]
1370 Hist. de [illegible]
1371 [illegible]
1372
1373

| DEMI-FINES DORÉES | COMMUNES | TITRES |
|---|---|---|
| F. D. | M. D. | |

1374 Hist. de France nº 5
1375 — 6
1376 — 7
1377 — 8
1378 — 9
1379 — 10
1380 — 11
1381 — 12
1382 Gal. de rois de Fr. nº 1
1383 — 2
1384 — 3
1385 Gal. de rein. de Fr. nº 1
1386 — 2
1387 Gr. cap. et mar. nº 1
1388 — 2

**SOLDATS**

**à 4 rangs**

1401 Etat-major gén. ar. f.
1402 — de la déf. nat.
1403 — de Garibaldi
1404 Infanterie française
1405 Cuirassiers
1407 Zouaves ten. de camp
1408 Turcos
1410 Zouaves
1414 Génie
1415 Pompiers gran. tenue
1416 — tenue de feu
1417 Artillerie
1419 Spahis
1422 Chasseurs
1427 Hussards
1428 Chasseurs à pied
1429 Dragons
1430 Chasseurs d'Afrique

**Soldats à 2 rangs**

[illegible]
1446 Chasseurs à pied
1447 Zouaves
1448 Turcos
1449 Génie
1451 Chasseurs d'Af. à pied
1452 Spahis
1453 Dragons
1454 Chasseurs à ch.
1455 Hussards
1458 Cuirassiers
1461 Artillerie 1872
1462 Infanterie prussienne
1463 Hulans
1464 Dragons
1465 Hussards
1466 Exerc. d'artill.
1467 Lanciers à cheval
1468 Chass. d'Afr. —
1469 Hussards
1470 Dragons
1471 Chasseurs
1472 Cuirassiers
1473 Artillerie
1474 Carabiniers
1475 Arm. allem. div.
1476 — artillerie

**Soldats à 3 rangs**

1489 Gardes françaises
1490 Cuir. de Louis XV
1491 Mousq. Louis XIII à p.
1492 — Charles IX
1493 Musique d'infanterie
1494 Etat-Major d'infant.
1495 Infanterie

1497 Infanter. en tirailleurs
1498 Génie
1502 Zouaves
1503 Turcos
1506 Chasseurs à pied
1507 Chasseurs d'Af. à pied
1508 Hussards —
1509 Artillerie —
1510 Cuirassiers —
1513 Chas. à ch. —
1514 Dragons —
1517 Chas. d'Afr. à cheval
1518 Lanciers —
1525 Gendarmerie —
1526 Hussards —
1527 Cuirassiers —
1528 Artillerie —
1529 Dragons —
1530 Chasseurs —
1531 Dragons prus. —
1532 Hussards —
1533 Spahis à pied
1534 — à cheval

**Soldats à 4 rangs**

1541 Etat-major à pied
1542 — —
1545 Musique d'infanterie
1546 Infanterie nouv. tenue
1547 Musique de Zouaves
1548 Zouaves
1550 Sapeurs-Pompiers
1551 Musiq. d'Art. à chev.
1552 — de Dragons —
1553 — d'Artillerie à pied
[illegible] — de Génie
[illegible]
[illegible] Spahis à cheval
[illegible] Chass. d'Af.
1561 Fan. de Hussards —
1566 Carabiniers —
1567 Hussards 1873 —
1568 Chasseurs —
1569 Dragons —
1570 Cuirassiers —
1571 Artil. av. can. à chev.
1572 Arm. italien. g. d. C.
1573 — chevaux lég.
1574 — rég. de Gênes
1575 — artillerie
1576 — g. de corps p.
1577 — Bersaglieri
1578 — ch. de Sard.
1579 — rég. de Gênes
1580 — chevaux lég.
1581 — artillerie
1582 Etat-M. à ch. 1873 n. 1
1583 — à pied
1584 Turcos à pied
1585 Russes
1586 Anglais et Esp. à pied
1587 Armée Autrich.
1588 — Française
1589 — Russe et Suis.
1590 Dragons
1591 Spahis
1592 Génie
1593 Chasseurs à pied
1594 Turcos
1595 Chasseurs à ch. à pied
1596 Cuirassiers
1597 Garde républicaine
1598 Hussards
1599 Chas. d'Afrique à p.

**Soldats à 5 rangs**

1600 Soldats d. 5 p. de m.

1601 Mousq. de L. XIII à p.
1602 Gardes françaises
1603 Cuirassiers de L. XV
1604 Mousq. de Charles IX
1606 Inf. franç. chassepot
1608 Zouaves —
1609 — campagne
1610 Turcos
1611 Chasseurs à pied
1612 Génie
1613 Artillerie à pied
1614 Chasseurs à ch. à pied
1616 Dragons à pied
1617 Hussards —
1618 Cuirassiers —
1621 Chasseurs d'Afr. —
1628 Spahis —
1653 Batteries de mitraill.
1654 Hussards à cheval
1655 Spahis —
1656 Dragons —
1657 Chasseurs d'Afr. —
1658 Chasseurs —
1659 Cuirassiers —

**Soldats à 6 rangs**

1671 Etat-Major de l'Eur.
1672 Inf. franç. à l'exercice
1673 Zouaves —
1674 Artillerie (1873)
1675 Infanterie de marine
1676 — matelots
1677 Règne de Charles VII
1678 Etat-Major français
1679 Zouaves avec fanfare
1680 Infant. avec musique
1681 Turcos en tirail.
1682 Chass. à pied —
1683 Cuirassiers à cheval
1684 Dragons —
1685 Artillerie —
1686 Chasseurs —
1687 Hussards —
1688 Spahis à pied
1689 Dragons —
1690 Cuirassiers —
1691 Hussards —
1692 Chasseurs à ch. —
1693 Chasseurs d'Af. —
1694 Turcos
1695 Chasseurs à pied
1696 Chasseurs d'Af. à ch.
1697 Spahis —
1698 Kroumirs (Infanterie)
1699 — (Cavalerie)
1700 Fanfare de Zouaves et musique d'Infanterie
1701 Mus. de la garde Républicaine et Fanfare de Chasseurs à pied
1702 Fanf. de Chasseurs et de Hussards à pied
1703 Musique d'Artillerie et du Génie
1704 Fanfares de Dragons et de Cuirassiers

**Soldats à 7 rangs**

**A PIED**

1727 Etat-Maj. des. et de m.
1728 Marins-gendarmes
1729 — matelots

**Soldats à 8 rangs**

**A CHEVAL**

1730 Armée fr. Hussards
1731 — Chasseurs
1732 Armée fr. Dragons
1733 — Chas. d'Af.
1734 — Spahis
1735 — Lanciers
1736 — Cuirassiers
1737 — Carabiniers
1738 — Artillerie
1739 Armée Italienne

**Soldats à 10 rangs**

**A PIED**

1761 Arm. fr. Inf. (fusil ch).
1762 — Chasseurs à p.
1763 — Zouaves
1764 — Grenadiers
1765 — Voltigeurs
1767 — Génie
1768 Sapeurs-p. et Turcos
1769 — —
1770 Cuirass. et Carabin.
1771 Cuiras. et Cent-gardes
1772 Chas. d'Af. et Spahis
1773 Hussards
1774 Guides et Chasseurs
1775 Dragons et Lanciers
1776 Arm. fr. Artill. garde
1777 — à pied et à ch.
1778 Inf. fr. et prussienne
1779 Zouaves et Prussiens
1780 Arm. prus. Inf. de l.
1783 — Art. à p. et à ch.
1784 Armée Italienne
1785 Fanfare de Dragons
1786 — Hussards
1787 — Chasseurs
1788 Inf. en marche, revue
1789 Mousquetaires
1790 Gardes Françaises
1791 Inf. chinoise avec m.
1792 Infanterie de Marine
1793 Génie, trav. de siège
1794 Turcs et Russes
1795 Sauvages de l'Amér.
1796 Kroumirs
1797 Expédit. fr. au Tonkin
1798 Annam et Pavillons n.
1799 Mar. et sold. de marine

| FEUILLES DEMANDÉES | |
|---|---|
| | **GRANDS SOLDATS** |
| | **Grandeur naturelle** |
| | *5 centimes la feuille* |
| | 1 Zouave |
| | 2 Artilleur |
| | 3 Cantinière |
| | 4 Dragon |
| | 5 Infanterie de ligne |
| | 6 Chasseur à pied |
| | 7 Tambour de Turcos |
| | 8 Napoléon Ier |
| | 9 Pompier |
| | 10 Chasseurs à cheval à p. |
| | 11 Hussard |
| | 12 Prussien infant. de ligne |
| | **PUPILLES** |
| | **Grandeur naturelle** |
| | *à 5 centimes la feuille* |
| | 1 Zouave |
| | 2 Infanterie de ligne |
| | 3 Cantinière de Zouaves |
| | **SÉRAPHIN DE L'ENFANCE** |
| | *la douzaine 3 francs* |

| DEMI-FINES DORÉES | COMMUNES | TITRES |
|---|---|---|
| F. D. | M. D. | |

## IMAGERIE

**demi-fine dorée**

format couronne (38 sur 50)

*à fr. le 100 net*

### Décors de Théâtre

1 Rideau
2 Avant-scène
3 Fond de salon
4 Coulisses de salon
5 Fond de forêt
6 Coulisses de forêt
7 Fond de palais
8 Coulisses de palais
9 Fond de campagne
10 Coulisses de campagne
11 Fond de jardin
12 Coulisses de jardin
13 Fond de chambre rust.
14 Coulisses —
15 Marine (port de mer)
16 Coulisses de marine
17 Décors champêtres
18 Coulisses de décors ch
19 Fond de prison
20 Coulisses de prison
21 Fond de place publique
22 Coulisses —
23 Accessoires

MAINS DEMANDÉES

### OMBRES CHINOISES

*Papier fort, la main fr.*

1 Tentation de St-Antoine
2 La ferme et ses habit.
3 Vaisseaux, Gondoles etc
4 Personnages divers
5 Les métamorphoses
6 Aventures de Polichinel
7 Grand carnaval de Paris
8 Crieurs de rue, etc.
9 Scènes diverses
10 Le malade imaginaire

F. D.

### SUJETS

**Qui peuvent servir pour Albums**

1 Alphabet de la guerre d'Orient
6 Galerie des rois de France nº 1
13 Alphabet encyclopédique
14 — instructif des enfants
15 La cour de Louis XIV
16 Album du voyageur
17 Alphabet portatif
19 Alphabet, Musée théâtral
21 Les grands capitaines nº 1
22 — — 2
25 Les marins célèbres
30 Alphabet comique
33 — femmes célèbres

### SUJETS POUR BOITES

1 Scènes de camp, Duel etc. 4
2 Camp français, le marché 4
3 Sujets divers 6
4 Sujets historiques 8
5 Scènes de cavalerie [illegible]
6 Jeu de Sébastopol [illegible]
9 Contes de fées [illegible]
11 Amusements des enfants [illegible]
12 Scènes enfantines [illegible]
13 Récréations [illegible] [illegible]
[illegible] Paysages [illegible]
[illegible] Pêche et marine [illegible]
16 Guerre de 1870-71 [illegible]
[illegible] Les jardins de Paris [illegible]

| DEMI-FINES DORÉES | TITRES |
|---|---|
| F. D. | |

18 Visite au jardin d'acclim. 4
19 Scènes militaires (caval.) 4
20 — (infant.) 4
21 Animaux sauvages nº 1 4
22 — — 2 4
23 — domestiq. 1 4
24 — — 2 4
25 Enf. jouant aux sold. nº 1 4
26 — 2 4
27 La ferme 23
28 Métairie et bergerie 17
29 Maison de campagne 17
32 Lydie la pet. bienfais. 8
33 Paysages et sujets variés 8
34 Musée des demoiselles 16
35 Travaux et habit. du villag. 20
36 Scènes de camp 60
37 — de la gu. de Crimée 8
38 Jeux de l'enfance 8
39 Le pavil. de la ville de Paris 4
40 Ouverture de l'Exposition 4
41 Palais du Trocadéro 4
42 Le prince de G. à la s. ang. 4

### LE JARDIN DES PLANTES

1 Sujets à la feuille 17
2 — 16
3 — 17
4 — 19

### JEUX SUR CARRÉ COLORIÉS

*à fr. le 100 net*

1 Jeu du petit voyageur
2 — de la grande redoute
3 — du conscrit
4 — de la marine
5 — de la France militaire
6 — de l'Oie

### PETIT JEU DE L'OIE

**avec Damier**

*sur demi-feuille carrée*

### JEU DU NAIN JAUNE

AVEC LES RÈGLES

*la douzaine 1 fr. 20*

### GRANDES CIBLES le 100

FEUILLES DEMANDÉES

### GRANDES CONSTRUCTIONS

Papier fort à fr. le 100 net

(87 *centimètres sur* 47)

1 Théâtre français
2 La Chapelle
3 La Forge
4 Théâtre Guignol
5 Le Chalet
6 Canon et Caisson
7 Panorama
8 Camp français
9 Locomotive
115 Le Tender
100 Wagon
85 Rails et personnages
10 Diligence
11 Pompe à incendie
12 Habitation champêtre
13 Moulin à eau
14 Autel
15 Moulin à vent
16 Char-à-banc
17 Gondole vénitienne

| FEUILLES DEMANDÉES | TITRES |
|---|---|

18 Corbeille et panier à ouvrage
19 Coffret
20 Maison de campagne
21 Château
22 Petit Châlet
23 Pendule et porte-montre
24 Champ de foire
25 Village
26 Cuisine
27 La Sainte-Crèche
28 Carrousel
30 Bergerie
31 L'école
32 Préfecture
33 Maison de plaisance
34 Cheval à bascule
35 Caserne
36 La comète
37 Café
38 Fête de village
39 Cirque olympique
40 Gare
41 Corps de garde
42 Débit de tabac
43 Basse-cour
44 Salon de coiffure
45 Parterre
46 Ménagerie
48 Pavillon
49 Isbah russe
50 Palais du bey de Tunis
51 Palais égyptien
52 La chaumière de Paul et Vir.
53 La maison du Chaperon rouge
54 Imit. de l'horloge de Strasb.
55 Le jardin des Plantes
56 Loge de jardin
57 Nouveau théât. mouv. 2 feuil
58 Château de l'Ogre
59 Château de Barbe bleue
60 Cendrillon
61 Le Chat botté
62 Le vélocipède
63 L'enfant prodigue
64 La première communion
65 Chât. de la Belle au b. dorm.
66 Habitation de la nou. Grenade
67 Maison valaque
68 Maison indienne
69 Bateau-canon
70 Une Oasis
71 Habitation turque
72 L'hiver, la chaumière
73 Le printemps, le parc
74 L'été, la ferme
75 L'automne, les ruines
76 Le Louvre
77 La Mitrailleuse
78 Forteresse avec canon
79 Petite voiture de poupée
80 Petit berceau de poupée
81 Petite calèche d'enfant
82 Frégate à vapeur
83 Château à Orval
84 Tramway parisien (ch.)
86 Fontaine à Châlon-s-Saône
87 Le presbytère
88 Sémaphore au bord de la mer
89 Hôtel-de-ville
90 Maison de campagne
91 Chalet aux environs de Paris
92 Vaisseau mécanique
93 Le nouvel opéra à Paris
94 Complément de l'opéra
95 Station (bain de mer)
96 Reposoir et procession
97 Villa au bord de la mer
98 Nef royale
99 Galère sous Louis XIV
101 Mosquée aux env. de Cachem.
102 Maison de plaisance à Tunis
103 Chât. sur les b. de la Marne
104 Citadelle
105 Théâtre des Marionettes
106 Salon

| FEUILLES DEMANDÉES | TITRES |
|---|---|

107 Le Caïque de gala
108 La chambre de la Poupée
109 Église aux envir. de Moscou
110 — d'Oréza (Valachie)
111 Mosquée indienne à Lahore
112 Le Sultan au pal. du Séraskie
113 Monitor Turc (vaisseau cuir.)
114 Machine à vapeur
116 Le palais du Trocadéro
117 Exp. univ. Palais Autrichien
118 — Pavil. de la v. de Paris
119 Pavillon chinois
120 — de Suède et Norwège
121 Chalet près de Versailles
122 Villa italienne
123 Villa aux environs de Paris
124 Meubles et ustensiles de cuis.
125 — pour salon
126 — pour salle à manger
127 — pour chambre à cou.
128 Château sur les b. de la Loire
129 Cathédrale de Panama
130 Habitations champêtres
131 — Anglaises à Calcutta
132 Ferme en Lorraine
133 Château de Chenonceaux
134 — de Meillant (Cher)
135 — de Labrède (Gironde)
136 — de Chantilly
137 — de Sully-sur-Loire
138 Chalet amér. près New-York
139 Pavillon aux env. de Vienne
140 Ferme hollandaise
141 Un cottage au Canada
142 Hôtel-de-Ville à Alost (Belg.)
143 Kiosque impér. près Const.
144 Mosquée d'Omar près Jérus.
145 Église de St-Vassili à Moscou

### Gran[illegible] Constructions

FAC[illegible] ENFANTS

1 Moulin à vent
2 Le pont rustique
3 Porte de ville au XVe siècle
4 Cha[illegible]
5 Chaumière
6 Kiosque [illegible]
7 Phare
8 Porte chinoise
9 Relais russe
10 Tente de général
11 Église de village
12 Hutte de Sauvages
13 Le puits
14 Cabane de pêcheur
15 Guérite
16 L'ermitage
17 Bateau pêcheur
18 Maison de cantonnier
19 Maison de garde forestier
20 La niche de Médor
21 Le Chalet tyrolien
22 Halle-Marché
23 Le Pont (paysage)
24 Mairie et École
25 Lavoir public
26 Château sous Louis XIII
27 Poulailler
28 Poste militaire chez les Slaves
29 Case indienne
30 Salle à manger
31 Poste militaire Russe
32 Habitation égyptienne
33 Canon russe
34 Chalet près de Nice
35 Maison de campagne sur les bords de la Marne
36 Chalet au bois Regnault
37 Château de Montmorency
38 Villa près Lima (Pérou)
39 Chalet forest. dans les Vosges
40 Mosquée près Tunis
41 La tour de Belem près Lisb.
42 Une auberge en Normandie

## TITRES

**Grandes Constructions**

**Mécanisme marchant au sable**

1 Moulin à eau
2 Bateau de pêche
3 Moulin à vent
4 Le Zouave et le Prussien
5 Les singes musiciens
6 Le Rémouleur
7 Le Bûcheron
8 La Cascade
9 La Lavandière
10 Le Cordier
11 Les chevaux de bois
12 Le Village
13 Les scieurs de long
14 L'incendie

**Grandes Constructions**

ABAT-JOUR

1 Abat-jour effets de lumière
2 — — Paysages
3 — — Fleurs
4 — — Scènes jap. ef. de l.
5 — — Vues mar. av. reliefs
6 — — Vues div. effets de l.
7 Les quatre saisons
8 La course au clocher
9 La Chasse au cerf
10 La fille de Madame Angot
11 Danses des Gardes françaises
12 Sujets variés
13 La Sainte Crèche avec reliefs
14 Le Chemin de fer
15 Vue de Venise
16 Le n. Opéra à Paris, ef. de l.
17 Procession nocturne a. reliefs
18 Constantinople
19 Process. de la Fête-Dieu
20 La guerre d'Orient
21 Courses de chevaux
22 Exposition universelle
23 Chât. fort sous Henri IV
24 Vue du Kremlin à Mosc.
25 Camp français
26 La Bastille en 1660
27 Les monuments de Paris
28 Maison de camp. et Paysage
29 L'Hiver au Pôle Nord a. reliefs
30 Villa chinoise avec reliefs

**Grandes Constructions**

COIFFURES MILITAIRES

*Papier fort à fr. le 100 net*

1 Casque de Sapeurs-Pompiers
2 Schapska de Lanciers
3 Képi d'infanterie

**Grandes Constructions**

TABLEAUX MÉCANIQUES

*Papier fort à fr. le 100 net*

1 Le Buveur, Cadet Roussel
2 Le Musicien, l'Artilleur
3 Trois contre un
4 Un contre trois
5 Le Dentiste
6 Le Barbier
7 Le Cordonnier et le Tailleur
8 La Nourrice
9 Le Cuisinier
10 La Boisson
11 Le Jeu
12 Le Forgeron, le Serrurier
13 Arlequin et Colombine
14 Le Diable et Polichinel
15 Le Singe physicien
16 Le Renard et la Grenouille
17 Les Conscrits
18 Le Zouave et le Cosaque

**Grandes Constructions**

THÉATRE MÉCANIQUE

*Papier fort à fr. le 100 net*

1 Façade et 1re partie du mécan.
2 Deuxième partie du mécanis.
3 Vue de Constantinople, rideau et décors.
4 Moulin à eau et paysage
5 — à vent et chemin de fer
6 Chasse au cerf
7 Guerre Turco-Russe, passage du Danube
8 Venise — Palais ducal

**Moyennes Constructions**

Format 30 cent. sur 40

*Papier fort à fr. le 100 net*

1 Moulin à eau march. au sable
2 Le Moulin à vent
3 Maison de Forgeron
4 Le Cirque
5 Le Chalet
6 La Comète
7 Château fort
8 Maison de campagne
9 Château
10 Scierie marchant au sable
11 Le Savetier
12 La Balançoire
13 Kiosque indien
14 Porte de la cont. à Moscou
15 Habitation russe
16 Pont chinois
17 Château au XVe siècle
18 Chalet suédois
19 Église en bois (Norwège)
20 Le chemin de fer
21 Kiosque chinois
22 Église à la Vera-Cruz
23 L'étable de Bethléem
24 L'arche de Noé
25 Église [illegible]
26 Couvent [illegible] (Pérou)
27 Chalet [illegible] (Russie)
28 Château féodal en Croatie
29 Chalet aux env. de Naples
30 Villa aux environs de Palerme
31 Villa à Arcachon
32 [illegible]
33 Hôtellerie aux env. de Berne
34 Fontaine musulm. près Constan.
35 Chalet aux environs de Naples
36 Église de Sarcelles (S.-et-O.)
37 Parc d'autruches en Algérie
38 La tour de la Monnaie à [illegible]
39 Chalet améric. dans l'Illinois
40 Habitation de [illegible] à Sumatra
41 Ferme Danoise
42 Gare de marchandises
43 Tour des [illegible]
44 Fontaine indienne à Lahore
45 Égl. de St-Paul à Pistoia (Ital.)
46 Chât. de Rougemont pr. Berne

**Moyennes Constructions**

LE PETIT COSTUMIER

*Papier fort à fr. le 100 net*

1 Uniforme d'Infanterie
2 Costumes de Carnaval
3 —
4 La p. Modiste, hab. de poupée
5 —
6 Costumes de Cantinière
7 Costumes de Dames
8 [illegible]
9 Costumes militaires
10 Costumes anciens [illegible]

*Les mêmes en [illegible] et en demi-fin*

**TITRES**

**1re Série**

**Albums d'Images**

CARTONNAGE DORÉ

Albums de 50 feuilles ordinaires
— 50 — dorées
— 100 — ordinaires
— 100 — dorées

**2e Série**

**Grands Albums**

Types de l'armée française carton.
— — brochés
Types de l'armée allemande, id.
*En feuilles, le 100 net*

**3e Série**

**Livres d'Images**

*format 22 cent. sur 28 sur papier fort, 10 dessins coloriés et texte au bas des sujets*

Histoire sainte n. 1
— n. 2
— n. 3
— n. 4
Buffon Alphab. des Animaux nº 1
— — nº 2
Buffon Alphab. des Oiseaux nº 1
— — nº 2

**4e Série**

**Livres d'Images**

*in-4 Couronne*

1 Voyage de Gulliver
2 Robinson Crusoé
3 Robinson suisse.

**5e Série**

**Livres d'Images**

*in-4 Couronne*

1 Grand A B C des Enfants sages
2 Alphabet des Jeux de l'enfance
3 A B C de la Poupée
4 Alphabet des cris de Paris
5 Le drame de Polichinel
6 Bon Médor et petite Chevrette
7 Lolo s'est corrigé
8 Lili ne touche à rien
9 Alphabet du carnaval
10 Le s. Croquemitaine et son [illegible]
11 Alphabet militaire comique
12 Grand Alphabet des Nations

**6e Série**

**Livres d'Images**

*grand format, 19 cent. sur 28 sur papier fort et coloriés*

Fables de la Fontaine n. 1
Fables de la Fontaine n. 2
— — n. 3
— — n. 4
— — n. 5
— — n. 6
— Florian n. 1
— — n. 2
Les chansons populaires n. 1
— — n. 2
Les bonnes qualités des bêtes
Les gros défauts des bêtes
Aventures de Don Quichotte
— de M. de Crac

**7e Série**

**Livres d'Images**

*Alphabet in-4 Couronne avec texte recto et verso*

1 A B C Les animaux sauvag.
2 — —
3 — Les animaux domest.
4 — —

**8e Série**

**Livres d'Images**

*A B C et Histoires in-16 carré, texte recto et verso*

1 A B C des petits garçons
2 — des petites filles
3 — de Polichinel
4 Moustache [illegible]
5 A B C La p. [illegible]
6 Les [illegible]
7 Le tour d'Auvergne
8 Jeanne d'Arc
9 A B C La [illegible]
10 [illegible]
11 [illegible]
12 [illegible]
13 [illegible]
14 Voyage autour du monde

**9e Série**

**Livres d'images**

*16 pages in-16 carré avec texte recto et verso, papier fort*

1 La dernière [illegible]
2 La reine [illegible]
3 Voyage sous l'eau
4 [illegible]
5 Guillaume Tell
6 Voyage dans l'air
7 Le petit [illegible]
8 Aventures d'un petit capitaine
9 Alphabet [illegible]
10 — des arts et métiers
11 — de la Poupée
12 — des Animaux
13 — des Oiseaux
14 Enfantines militaires n. 1
15 — — n. 2
16 [illegible]
17 Marie la [illegible]
18 Alphabet de [illegible]
19 Histoire de [illegible]
20 Muse des enfants n. 1
21 — — n. 2
22 [illegible]
23 Aventures de [illegible]
24 Le tour de France de [illegible]
25 [illegible]
26 Alphabet de la Chasse
27 — de la Marine
28 [illegible]
29 [illegible]

TITRES

**40e Série**

**Livres d'Images**

CONTES DE FÉES

*avec texte au bas du sujet, in-16 coloriés, 15 cent. sur 21*

1 Le Loup, la Chèvre et les Biquets
2 Cendrillon
3 Le Chat botté
4 Le petit Chaperon rouge
5 Le petit Poucet
6 La Barbe-Bleue
7 Saint-Nicolas
8 Le capitaine Fracasse
9 Peau d'Ane
10 La Belle au bois dormant
11 Riquet à la houppe
12 L'Oiseau bleu
13 La petite aux Grelots
14 La petite Souris
15 La Belle aux cheveux d'or
16 Le Loup blanc
17 Le prince Marcassin
18 Le prince Lutin
19 Le Rameau d'or
20 Les Fées ou les deux Sœurs
21 Le prince Chéri
22 Le Nain jaune

**11e Série**

**Livres d'Images**

*format 12 cent. sur 18 in-8 [illegible] 16 pages texte et 8 dessins coloriés*

1 Alph. des choses usuelles
2 — des qualités et défauts
3 Histoire du déjeuner de Bébé
4 Georges l'ami de Robinson
5 Monsieur Brise-tout
6 Histoire d'une allumette
7 Les petits pauvres
8 La petite bavarde
9 La journée de Jacques
10 Les petits vendangeurs
11 Alpha. de scènes enfantines
12 Hist. d'un verre d'eau
13 Les habitants de l'eau
14 Les amis à quatre pattes
15 Ce qu'il y a dans la terre
16 La leçon de la poupée
17 Les Travailleurs
18 Sans Chemise
19 La Boîte de Liline
20 Alphabet du petit Soldat
21 A B C du Chat botté
22 de du Petit Poucet
23 de du Chaperon Rouge
24 de de la Barbe Bleue
25 A B C de Cendrillon
26 [illegible]
27 de du Loup blanc
28 de de la bonne pet. souris
29 Travail passe richesse
30 Le Fusil
31 A B C de Peau d'Ane
32 de de la pet. aux Grelots
33 de de la Belle au bois d.
34 de de Riquet à la Houppe
35 Le Violon enchanté, le petit agneau [illegible] corrigé
36 L'éléphant Ouioum, Bouton de Rose, le petit Berger
37 Les poires renversées, le petit Chat, les friandises gâtées
38 La véritable Croquemitaine

**12e Série**

**Le petit Livre des Enfants Sages**

*avec Alphabet et Historiette*

1 Histoire du petit Poucet
2 Malheurs d'une poupée
3 Le sergent Belle-Humeur
4 Le petit Chaperon rouge
5 La Barbe-Bleue
6 Le joli Tambour
7 L'école réformée
8 La Belle et la Bête
9 Les Souhaits
10 Syllabaire instructif
11 Sujets variés
12 Les défauts d'une petite fille
13 Les petits poltrons
14 Voyage au pays de Cocagne
15 Petit noir et petit blanc
16 Mathilde l'orgueilleuse
17 Grand'mère sait tout
18 Le baptême de Bébé

**13e Série**

**Albums du Jeune Peintre**

GRAND MODÈLE

*23 centimètres sur 13*

1 Guerre de 1870-71
2 Pêches
3 Récréations enfantines
4 Scènes diverses
5 Paysages
6 Animaux sauvages
7 —
8 Animaux domestiques
9 —
10 Les jardins de Paris
11 Visite au jardin d'acclimatat.
12 Album militaire (cavalerie)
13 — (infanterie)
14 Sujets de l'exposition, no 1
15 — — no 2
16 — — no 3
17 — — no 4
18 Les petits soldats, no 1
19 — no 2
Albums de l'exposition no 1
— no 2

**14e Série**

**Albums du Jeune Peintre**

PETIT MODÈLE

*(13 centimètres sur 10)*

1 Oiseaux
2 Papillons
3 Animaux
4 Scènes militaires
5 Paysages
6 —
7 Travaux champêtres
8 Le camp de Châlons
9 Jeux de l'enfance
10 Scènes du Moyen-Age
11 Le jardin des Tuileries
12 Sujets variés
13 Armée française et prussienne
14 Le siège de Paris
15 Batailles et combats
16 —
17 Sujets divers
18 —
19 Les petits Chats
20 Châteaux et Paysages

## NOUVEAUTÉS

**Images Communes et Demi-fines dorées**

*Sujets divers à 12 tableaux*

1354 Le Lion et les Marins
1355 Paris à 5 heures du matin
1356 Fanfan la Tulipe
1357 Le Beau Soleil
1358 L'avare et le Bienfaisant

**Guerre du Tonkin**

*Batailles et Combats*

160 Prise de Sontay
161 Prise de Bac-Ninh
162 Bombardem. de Fou-Tchéou
163 Combat de Lang-Kep
164 Prise de Lang-Son
165 Défense hér. de Tuyen-Quan

*Portrait*

143 M. S. Carnot, Pr. de la R. F.

TITRES

*Jeux de Loterie*

502 Loterie chinoise
503 — des 100 figures
504 — universelle

*Scènes diverses*

586 Les animaux parlants, 12 f.
587 Le pot au lait, 4 bandes
588 M. de la Potandière
589 Guerre du Tonkin : Types et Scènes militaires.
549 Les bossus à 7.

**Pantins**

609 Polichinel 1 à la feuille
610 Arlequin 1 à la feuille
611 Fort, Dame de la Halle 6 à l. f.
612 Polichinel, Arlequin 6 à l. f.
613 Danseurs turcs, etc. 6 à l. f.
614 Jocrisse, Cassandre 4 à l. f.
474 Polichinel Arlequin 2 à l. f.
475 Pierrot, Pierrette 4 à l. f.
476 Paillasse, 1 à la feuille
477 Colombine, 1 à la feuille
478 Pierrot, 1 à la feuille
479 Pierrette, 1 à la feuille

*Décors de Théâtre*

638 Devanture, Place publique

*Historiettes à 16 à la feuille*

920 Irma ou les suites de la cur.
921 Geneviève la capricieuse
922 Eugénie la petite ménagère
923 Les exploits de Coquibus
924 Fables de Lafontaine
925 —
926 Le docteur Miracle
927 Les Mésavent. de M. Distrait
928 La transformation de Pierrot
929 Grand-Dadais
930 Blondine et la fée Caprice
931 Pomponnette
932 Le roi de la Lune
933 Le petit Soldat
934 Les malheurs de Greluchon
935 La chasse aux Papillons
936 Les pilules du Diable
937 Monsieur Camouflet
938 Les enfants du bûcheron
939 Jadis et Aujourd'hui
940 Lucie ou la méch. espiègle
941 Clarisse ou la pet. moraliste
942 Mlle Laure Grognon
943 Un bon petit cœur
944 Coco-pas-de-chance
945 L'héritage du père Lantaine
946 Histoire de Poing-d'Acier
947 Histoire de Bibi-Tambourin
948 Histoire de Pousse-Caillou
949 Le Voleur et le Volé
950 L'apprentis. de Beaumitron
951 Le bataillon scolaire

*Historiettes à 20 à la feuille*

1240 La maraude
1241 Histoire de Fritz Kreutzer
1242 Mlle Manon la couturière

*Soldats à pied à 1 rang*

1406 Garde républicaine

*Soldats à 3 rangs*

1505 Garde républicaine
1519 — — à ch. à pied

*Soldats à pied à 4 rangs*

1543 Infant. anglaise, Écossais
1544 Grenadiers de la v. garde

*Soldats à 5 rangs*

1620 Garde républicaine
1622 — — à ch. à pied

*Soldats à pied à 8 rangs*

1740 Dragons

TITRES

1741 Infanterie
1742 Chasseurs à pied
1743 Génie
1744 Chasseurs
1745 Hussards
1746 Artillerie
1747 Cuirassiers
1748 Chasseurs d'Afrique
1749 Spahis
1750 Garde Républicaine
1751 Zouaves
1752 Turcos

**Grandes Constructions**

146 Hôtel-de-Ville de Paris
147 La grande Mosquée au Caire
148 Maison de campagne près Fontainebleau
149 Hôtel-de-ville de Louvain
150 Château d'Amboise sous Louis XI
151 La gr. Chartreuse de Pavie
152 Aviso torpilleur
153 Château de Polesh à Sinaïa
154 Le Casino de Monte-Carlo
155 *Le Bayard*, vaisseau cuir.
156 Hôtel-de-Ville de St-Denis
157 Hôtel-de-Ville de Leeds
158 Hôtel-de-Ville de Mons
159 La Tour Eiffel
160 La Statue de la Liberté à New-York

**Grandes Constructions**

FACILES

43 Château aux envir. de Dublin
44 Gare américaine à Maryland

ABAT-JOUR

31 Citadelle chinoise au Tonkin avec relief
32 Chasse à courre s. Henri IV avec relief
33 Habitations turques
34 Monuments [illegible]
35 Hôtel-de-Ville de Paris
36 La g. Chartreuse p. Grenoble
37 Habitations gauloises en 350

**GROUPEMENTS**

(SANS CONSTRUCTIONS)

1 Le Village
2 Place publique
3 Chasse sous Louis XIV
4 Port de mer
5 Courses de chevaux
6 Gare de chemin de fer
7 Scènes de bivouac
8 Camp français

**Grandes Constructions**

*(4 à la feuille)*

1 Mosquée, Bateau, Phare et Gabion
2 Fontaine arabe, Maison de l'Ogre (*Conte du petit Poucet*), Cabane de lapins, Cage à poules.
3 Maréchal-ferrant, Sabotier, Berger des Landes, Château au moyen âge
4 Maison de campagne, Moulin à vent, Cabane de pêcheur, Église
5 Chalet, Ferme, Kiosque, Moulin-à-eau.

**Moyennes Constructions**

47 Église de Santa-Ana à Panama
48 Hôtel de Ville à [illegible]
49 Mosquée à [illegible]
50 Citadelle chinoise au Tonkin
51 [illegible] à Melbourne Australie
52 Observatoire de Montsouris Paris

| QUANTITÉS DEMANDÉES | TITRES |
|---|---|
| | 53 Eglise de Saint-Blaise à Montepulciano (Italie). |
| | 54 Canonnière franç. au Tonkin. |
| | 55 Hôtel-de-Ville de Pienza (Ital.) |
| | 56 Palais municipal de Montepulciano (Ital.) |
| | 57 Jonque de guerre chinoise. |
| | 58 Porte de Bruxelles à Malines |
| | 59 Bain turc |
| | 60 Villa près de Londres. |
| | 61 *Le Requin*, bateau torpilleur |
| | 62 *Le Renard*, aviso torpilleur |
| | 63 La Tour d'Eau à Hoorn |
| | 64 Hôtel-de-Ville de Nérac |

**Nouvelles Petites Constructions**

*Format 30 sur 24*

POUR VENDRE 5 CENTIMES

| | |
|---|---|
| | 1 Bazar japonais |
| | 2 Le petit Cavalier |
| | 3 Temple chinois |
| | 4 Maison flamande |
| | 5 Habitation tartare |
| | 6 Chalet suisse |
| | 7 Mausolée indien |
| | 8 Chalet près de Dieppe |
| | 9 Phare |
| | 10 Mosquée |
| | 11 Bateau sauveur |
| | 12 Canon |
| | 13 Fontaine arabe |
| | 14 Maison de l'Ogre |
| | 15 Cabane de lapins |
| | 16 Cage à poules |
| | 17 Le Maréchal-ferrant |
| | 18 Le Sabotier |
| | 19 Le Berger des Landes |
| | 20 Château du moyen-âge |
| | 21 Maison de [illegible] |
| | 22 Cabane du pêcheur |
| | 23 Moulin à [illegible] |
| | 24 [illegible] |
| | 25 Chalet [illegible] |
| | 26 Kiosque |
| | 27 Ferme |
| | 28 Moulin à eau |
| | 29 Maison du petit Chaperon rouge |
| | 30 Fontaine de la Madone |
| | 31 Bazar à Damas |
| | 32 Voiture de gala |
| | 33 Les Vendangeurs |
| | 34 Monument au Pater, à Jérusalem |
| | 35 Cottage américain |
| | 36 Maison grecque p. d'Athènes |
| | 37 Sémaphore près Constantinople |
| | 38 Théâtre Guignol |
| | 39 Blockaus attaqué par des outlaws (Indiens) |
| | 40 [illegible] |
| | 41 Intérieur danois |
| | 42 Fabrique arabe en Algérie |
| | 43 [illegible] en Tonkin |
| | 44 Château d'[illegible] |
| | 45 Fontaine vénitienne à Raguse |
| | 46 [illegible] en Algérie |
| | 47 Château [illegible] Croma en Dalmatie |
| | 48 [illegible] en Suède |
| | 49 [illegible] à habiller |
| | 50 [illegible] à habiller |
| | 51 Maison [illegible] |
| | 52 [illegible] |
| | 53 Maison chinoise à Cholen |
| | 54 [illegible] |
| | 55 [illegible] à Alger |
| | 56 Bateau pêcheur japonais |
| | 57 Poupées à habiller (costumes [illegible]) |
| | 58 Soldats à habiller |
| | 59 [illegible] de campagne |
| | 60 [illegible] |
| | 61 [illegible] |
| | 62 [illegible] |
| | 63 Sujets équestres, militaires |
| | 64 [illegible] |
| | 65 Soldats à habiller |
| | 66 Poupées à habiller, costumes de théâtre. |
| | 67 Château près Sophia (Bulg.) |
| | 68 *L'Éclair*, bateau torpilleur |
| | 69 Statue à Montbéliard du colonel Denfert. |
| | 70 Maison des Templiers à Hildesheim (Hanovre) |
| | 71 Les abattoirs à Harlem |
| | 72 Chalet de la Schlucht dans les Vosges |
| | 73 La Sainte Crèche |
| | 74 L'Arbre de Noël |
| | 75 La Maison s. bois à La Haye |
| | 76 Palais de Justice à Born |
| | 77 Porte d'Amsterdam à Harlem |
| | 78 Hôtel-de-Ville de Harlem |
| | 79 Château près de Christiania |
| | 80 Halles de [illegible] |
| | 81 Villa près de Naples |
| | 82 Habit. de pêcheur pr. Dieppe |
| | 83 Fort de Barbasse près Nérac |
| | 84 Puits de l'ancien château de Coutras. |
| | 85 Le château de Chillon, sur le lac de Genève |
| | 86 La porte du Palais à Bordeaux |

*Toutes les Collections de Constructions anciennes et nouvelles se continuent.*

**Livres d'Images**

*6e Série*

| | |
|---|---|
| | Aladdin ou la Lampe Merveilleuse |
| | Ali-Baba ou les 40 voleurs |
| | Le Cheval enchanté |
| | Abou-Hassan ou le Dorm. éveillé |
| | Histoire de Grippe-Sauciesse |
| | Le Major Bleu-de-Ciel |

*8e Série*

| | |
|---|---|
| | 15 La funeste passion du jeu |
| | 16 Alphabet drolatique de Pierrot et d'Arlequin |
| | 17 Alphabet comique en dictons illustrés |

*9e Série*

| | |
|---|---|
| | 30 Agathe ou l'enfant perdue |
| | 31 La triple leçon qui profite |
| | 32 Promen. et déjeun. champêtres |
| | 33 Une étourderie bien punie |

*11e Série*

| | |
|---|---|
| | 39 Le Nain Jaune |
| | 40 Les Fées ou les 2 Sœurs |
| | 41 L'éducation de Marthe |
| | 42 Histoire d'une Aiguille |
| | 43 Voyage autour de mon jardin |
| | 44 Les joujoux |

*14e Série*

| | |
|---|---|
| | 22 Châteaux et Paysages |
| | 23 Vues diverses |
| | 24 Le petit Poucet |
| | 25 Cendrillon |

Monsieur

**Ch. PELLERIN, fabricant**

**Imprimeur-libraire,**

**à ÉPINAL**

| QUANTITÉS DEMANDÉES | TITRES | |
|---|---|---|
| | **Couvertures de Cahiers** | |
| | *(pour les écoles)* | |
| | Coloriées sur coul., la rame | 7 50 |
| | — sur double X | 7 50 |
| | — sur cl. in-4 | 6 50 |
| | Papier de coul. sur coul. 1 fr. | 5 00 |
| | — sur double X la rame | 5 00 |
| | — sur cloche in-4 | 4 00 |
| | **Manuscrits** | |
| | ou [illegible] | |
| | Pour familiariser les enfants avec les écritures, par Dembesr, un volume in-8, broché, cornu, couvertures imprimées 108 p. 100. | 29 |
| | **Affiches diverses** | |
| | Maison à vendre ou à louer, — Appartement, — Chambre sur papier de couleurs variées la rame 10 fr. | |
| | **LIVRETS à l'usage des ouvriers** | |
| | Cartonnés le cent | 2 |
| | — avec rebras le cent | 13 |
| | Livrets d'enfants avec rebras le cent | 13 20 |
| | — cartonné | 12 00 |
| | **Médaillons** | |
| | Pour [illegible] de [illegible] le mille | 15 |
| | [illegible] grand le mille | 15 |
| | **BILLETS de bonnes aventures** | |
| | [illegible] la rame | 12 fr. 00 |
| | **Tables d'Addition, de Soustraction et de Multiplication** | |
| | Sur carton, le cent | 2 50 |
| | **Grandes Images** | |
| | [illegible] quadruple [illegible] la rame | 45 fr |
| | Portraits [illegible] | |
| | La Sainte Vierge [illegible] | |
| | Le Saint Sacrement | |
| | **Images en noir** | |
| | [illegible] à [illegible] par les enfants | |
| | [illegible] | |
| | **Papier doré et argenté** | |
| | [illegible] la main | |
| | **CARTES AMUSANTES** | |
| | [illegible] par boîte la grosse | |
| | [illegible] | |
| | **Saintetés** | |
| | [illegible] | |

www.ingramcontent.com/pod-product-compliance
Ingram Content Group UK Ltd.
Pitfield, Milton Keynes, MK11 3LW, UK
UKHW022250170726
13837UKWH00006B/2501

9 782019 946715